近年、日本からの旅行者が増えたウズベキスタンの古都・ヒヴァ。イスラーム・ホジャのミナレットからは壮大な旧市街を見下ろせる(→99ページ)

世界遺産にも登録されたサマルカンド（ウズベキスタン）にあるシャーヒ・ズィンダ廟群。サマルカンド・ブルーと呼ばれる青タイルが、晴天に映える（→104ページ）

交易で栄えた世界遺産の古都・マラッカ（マレーシア）のオランダ広場。アジアと西欧の文化が融合した独自の建築・文化が残る（→21ページ）

6000m、7000m級の山がそびえるチベット高原（中国）を青蔵鉄道に乗って見はるかす（→62ページ）

インド最北部・シムラーから北に進めば、ヒマラヤの壮大な山並みを一望できる（→76ページ）

リトアニア最大の巡礼地とされるシャウレイの世界遺産・十字架の丘。世界中の人々が十字架を捧げに訪れる(→155ページ)

ヴィリニュス(リトアニア)にある聖ペテロ＆聖パウロ教会。聖書や神話などをテーマにした2000以上の漆喰彫刻に息を呑む(→157ページ)

世界遺産のタリン旧市街(エストニア)にあるリュヒケ・ヤルク(短い足)通り。近くにはピック・ヤルク(長い足)通りもある(→147ページ)

ジャズが生まれた街・ニューオーリンズ(アメリカ)では、さまざまな人種と楽器とリズムが融合する。ジャズはアメリカそのものだ(→90ページ)

コペンハーゲン(デンマーク)では運河クルーズツアーがあり、水上からも観光できる(→193ページ)

マイルドな甘辛さのゲーン・ペット(レッド・カレー)。鴨肉が入っている(→33ページ)

手前はタイ料理界最強の辛さという声もあるクアクリン(→32ページ)

タイ北部名物のカレーラーメン・カオソーイ(→35ページ)

麺料理のニョニャ・ラクサ。香辛料とココナツの風味がたまらないマラッカ(マレーシア)の名物だ(→23ページ)

中国の浙江料理は、ぜひ紹興酒(右上)と味わいたい。紹興酒で漬け込んだ鶏肉(右下)も「うまい！」の一言(→43ページ)

ベルリン(ドイツ)のソウルフード・カリーヴルストは、東西冷戦の狭間で生まれた(→137ページ)

ラオスではいまでも、ひと昔前の日本のような生活を目にする(→115ページ)

メコン川で眺める夕陽は忘れられない。ラオスの伝統競技・ボートレースの特訓をしているようだ(→116ページ)

おとなの青春旅行

下川裕治・室橋裕和 編著

講談社現代新書
2486

はじめに

ツアーに疲れた人へ

旅、といったとき、あなたは何を連想するだろうか。

古代の遺跡や博物館などの、名所・旧跡だろうか。それとも、おしゃれなレストランや、豪華なホテルだろうか。

それらをくまなく回ってみるのも、もちろん楽しいものだ。実際、日本人が参加するツアーも、その大半は「観光地・レストラン・ホテル（そして土産物屋）」を結ぶ形で、パッケージされている。こうしたスタイルの旅行が王道であり、旅行会社にしても確かな需要が見込めるのだろう。

「ツアーは詰め込めば詰め込むほど、売れる」

ある大手旅行会社の幹部は、私にそう語った。ツアーは商品としての旅である以上、どうしても、最大公約数的な内容を盛り込む必要がある。有名な史跡やショップ、ホテルを

先延ばしするのもよいだろう。

歩き慣れてきた街を散歩し、何度か通った食堂で腹を満たし、カフェでゆったりと本を読む。宿に戻って、その日に起きたことを、あるいは、いかに何も起きなかったかを日記にしたためる……。

それはひと言で言うと、「生活」である。

個人で旅をしている人々は、こんな毎日を穏やかに紡いでいく。宿を求めてそこで眠り、街角の食堂で土地の人に混ざって腹を満たし、なにごとかを見て考え、そして移動していくという、きわめてシンプルな日々は、実に豊かなのである。

異国をゆったりと流れながら生活をしていく。これほど満ち足りた時間はいままでの人生で果たしてあっただろうかと、きっと思う。

そんな感覚は、旅が長くなるほど強くなっていく。

個人旅行は増えているが……

日本人のあいだにバックパッカーという旅行者が急増したのは、1990年代後半から2000年代のことだ。若者たちは大きなザックを背負って、アジアをはじめ世界各地に旅立っていった。もちろん、なにもかもすべて自分で判断し、責任を負う、自由旅行である。

バックパッカーは減ってきているといわれるが、個人で自由に旅をするというスタイルは、この時代を通して一般化した。そして、ネットインフラの世界的な普及によって拡大していった。いまでは、若い層に限っていえば、ツアーよりも個人旅行のほうが多くなっている。

ＪＴＢ総合研究所が、２０１６年に海外旅行に出かけた人の旅行形態を調査している。これによると、15～29歳の女性の場合、53・8％がフリープラン・自由行動タイプのツアーだという。ツアーといってもおもに航空券とホテルだけで、観光などはついていないものだ。15～29歳の男性は44・９％だ。

また航空券だけを購入して旅に出る人々や、航空券とホテルをネットで予約・購入して旅立つタイプの個人旅行は、30代男性で34・４％、40代男性で53・３％、30代女性で41・５％、40代女性で45・９％となる。

いまや多くの人が、個人で旅をしていることがわかる。

しかし、こと60歳以上に限ってみると、ツアーの割合が一気に増える。日本から、あるいは現地到着後にガイドが同行し、食事や観光などがすべてセットになったパッケージツアーで旅行する人の割合は、60歳以上の男性で40・２％。60歳以上の女性で38・８％。個人旅行を上回っているのだ。

こういうルートもありなのか！

それでは、実際に旅するにあたって、世界のどこに注目すべきなのだろうか。どこがシニアにとって旅しやすく、また思い出深い場所になるのか——。

本書の第1部ではその観点から、旅慣れた私たちが自信を持ってお勧めするモデルコースを15種類､取り上げた。どれも既存のツアーではほぼ商品化されていない､個性的なルートであり、他書ではほとんど扱われてこなかった楽しみ方が詰まっている。

それぞれのモデルコースをなぞってゆけば、どんなペースで、どう旅をしていけば、シニア世代が満足できるのかがよくわかるはずである。

アジアでは豊かな食文化を訪ねて、シンガポールからタイへと、マレー半島を北上していく。中国では、奥深い四大料理の世界を分かつ大河に思いを馳せる。

他方、団塊の世代が味わった苦い青春の面影を探しに、ベトナムを歩く旅。働き盛りのころに迎えた東西冷戦の終結。独立を求めて人間の鎖をつないだバルト三国はいまどうなっているのか。壁が崩壊したベルリンに､かつての東西ドイツの面影はあるのだろうか。

世界遺産や美食が楽しみなヨーロッパでは、あえて自由なスタイルで旅を描いた。北欧を船で渡っていく。フランスではシャンパンの聖地を訪ね、イタリアでは世界遺産のモザイク画をテーマに古都を訪ね歩く。

まだまだハードな旅となるインドや、厳しい気候風土のチベット、日本人の個人旅行者はごく少数のウズベキスタンも、シニアのひとり旅は十分に可能だ。

本書は、「こういう旅、こういうルートもありなのか！」と、楽しみながら想像を働かせるきっかけとなるに違いない。自由な発想で、どんどん歩いていける時代なのだから、実際のルートは自分の好きなように決めて、あなただけの旅をつくっていこう。

まず、地図を開いてみる。興味のある国や街、かつて憧れた場所、若いころに見た映画の舞台……そんなポイントを結んでいけばいい。

そこで第2部では、実際の旅に役立つノウハウをまとめた。「シニアがどのように自由に海外を旅するか？」という点に着目して、事前準備から日程の組み方、航空券の購入方法、インターネットの活用術、現地での過ごし方、体調管理まで紹介している。

これを読めば、ツアーや出張でしか海外に行ったことがなくても、あるいは海外経験がまったくなくても、海外個人旅行のやりかたが見えてくることは間違いない。

もう一度巡ってきた青春。ようやく手にした豊かな時間をぜいたくに使って、ゆとりに満ち溢れた、ツアーでは味わえないおとなの青春旅行に出てみようではないか。

室橋裕和

目次

第2部　失敗しない「おとなの旅行術」100

イスラムと中国が溶けあった海峡料理を

マレーシア・マラッカからシンガポールへ

文・写真　下川裕治

ニョニャ料理が味わえるマレー半島の街々には、イスラムと中国が融合したおおらかな時代が息づいている。その歴史を知ればその味わいも増す、シニア向け料理を屋台村で味わい尽くそう。

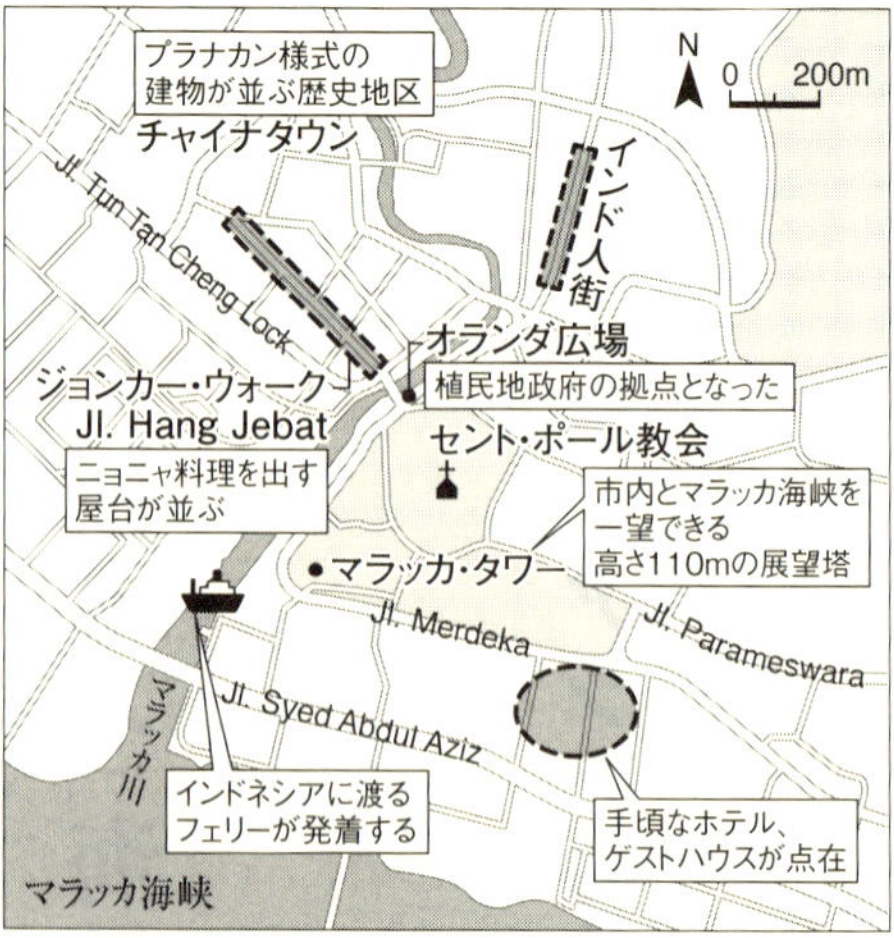

ニョニャ料理とは?

マレーシアの**マラッカ**。運河に沿った小さな食堂に入った。テーブルが4個ほどの店だった。ガイドブックに載るような店ではない。運河に沿って流れる風が心地いい。初老のおじさんがメニューを持ってきた。天井の扇風機からの風に、メニューが揺れる。

「ニョニャ料理を食べたいんですけど」

英語でそう言うと、おじさんは自信ありげにこう返した。

「メニューのほとんどはニョニャ料理。とくに有名な料理がこれかな」

アヤム・ブアクルアとメニューには書いてあった。頼んでみた。**ネット**がつながったので、待っている間検索してみた。小石のように大きいナッツの中身をくりぬき、そこにエビのすり身やスパイスを詰め、鶏肉と一緒に煮込む料理のようだ。

なかなか手が込んでいる。カレーのようにご飯にかけて食べる人が多いという。

運ばれてきた料理を口に含んでみた。煮込んであるから素材はよくわからないが、ココナツの味のなかから八角の風味が現れる。それらがエビや鶏肉とよく合う。

ニョニャ料理は、マレー料理と中国料理が融合した料理といわれる。宗教的には、イスラム料理と中国料理が溶けあった料理ということになる。

マラッカ
マレー語でムラカ。マレー半島の西海岸にある。かつてはマラッカ王国があった（1400頃〜1511）。歴史的な街並みは世界遺産になっている。

ネット
東南アジアでは、食堂やカフェなど多くの場所で無料のWiFiがあり、インターネットが利用できる。パスワードは店員が教えてくれる。

街角の屋台村で食べよう

しかし、時代は厳しさを増していく。

海峡植民地政府を担ったのは、イギリスから派遣された男たちだった。彼らは自由な貿易港を標榜したが、その欠点は収益があまり上がらないことだった。関税を取らないから、当然でもあった。彼らは本国からの収益アップの要求に悩む。海峡植民地に派遣されたイギリス人は、どこかいまの海外駐在員に似ている。

そのなかでイギリスはひとつの方向を打ち出す。マレー半島全域の植民地化だった。武力で侵攻し、そこで**ゴムのプランテーション**や**鉱山経営**に乗り出していく。アヘン販売も独占し、収益に結びつけた。

この時期にも、多くの中国人が流入する。しかし彼らは、ニョニャ料理をつくった世代とは違った。鉱山やプランテーションで厳しい労働を強いられる苦力《クーリー》だった。

ニョニャ料理はマラッカのほか、シンガポールやペナンで食べられる。専門店もあるが、一般的な食堂や**ホーカーズ**という屋台村で出合うこともできる。

ゴムのプランテーション
イギリスはゴムのプランテーションではインド系の人々を働かせた。

鉱山経営
おもにスズ鉱山。中国系労働者が働いた。彼らは海峡植民地時代に移住した海峡華人とは違い、労働者として中国からやってきた。

ホーカーズ
食べものを売る小さなブースがたくさん集まった屋台街。かつては路上に並んでいた屋台だが、衛生

シンガポールの物価は日本より高く映る。冷房が効いた普通のレストランに入ると、税金（7％）とサービスチャージ（10％）が加算される。計17％。支払いのとき、急に増える請求にギクッとする。その点、ホーカーズは内税になっていて、メニューの金額通り。僕のような旅行者も、心穏やかに食事ができる。

そこでニョニャ料理――。たとえばこの一帯では一般的な、麺料理の**ラクサ**や鶏肉を焼いたサテにもニョニャ風味がある。ミーゴレン（焼きそば）、ナシゴレン（焼き飯）も店によってはニョニャ風になる。ココナツミルクで野菜を煮込んだマサックレマ、魚のすり身をバナナの葉にくるんで焼いたオタオタ、ペナンで有名な魚料理のプルット・イカンなどは日本人の口に合う。

煮込んだ料理が多く、どれも深い味わいだ。南国の風に吹かれながら、このエリアにさまざまな民族や宗教が息づいていた時代に思いを馳せる。旅の味わいでもある。

面などの問題から建物に収容したものだ。物価の高いシンガポールでは、安く食事ができる便利な場所でもある。あちこちの店から料理を取って、ビールも頼み、居酒屋的に使うおじさんも多い。

ラクサ
香辛料が効いた麺料理。このスタイルはアジア各国にあるが、ココナツミルクを入れたマレーシアの麺がよく知られている。

開く。

その一端を担った街**シンガポール**から、旅はスタートする。

インドのスパイスとココナツミルクの出合い

いまや東京をしのぐともいわれる先端都市であり、アジアトップの所得を誇るシンガポール。交易で栄えた多民族国家だけに、さまざまな文化がミックスされた料理が味わえるが、カレーならフィッシュヘッドカレーが特徴的だ。高級店でもいいし、ホーカーズという屋台街でも目にする。

魚の頭がそのままゴロリと入っている。出汁が効いている。じんわりと染みるのは、ターメリックやタマリンドなど多様なインド直送のスパイス。だがインドにこのレシピはない。ドラヴィダ人の末裔《まつえい》である**南インド・ケララ州**の人々が、港湾都市として発展を見せるシンガポールに移住してきたときに発案したものだという。1950年代発祥の、新しい料理なのだ。

インドを発ったスパイスは、東南アジアでココナツミルクと出合っている。フィッシュヘッドカレーにもたっぷりと使われている。クリーミーで濃厚な甘さは、スパイスの刺激を引き立てる。インドのカレーもココナツを使うこ

シンガポール
30日以内の滞在ならビザは不要。物価は東南アジアで最も高い。安いホテルはゲイランと呼ばれる歓楽街に点在しているが、それでも1泊5000円はする。食事はホーカーズで食べれば1食300円程度から食べられる。もちろんカレー類も豊富。あちこちの屋台から料理を買って、タイガービールを飲めば、もうシンガポーリアン。

シンガポールの物価は日本より高く映る。冷房が効いた普通のレストランに入ると、税金（7％）とサービスチャージ（10％）が加算される。計17％。支払いのとき、急に増える請求にギクッとする。その点、ホーカーズは内税になっていて、メニューの金額通り。僕のような旅行者も、心穏やかに食事ができる。

そこでニョニャ料理――。たとえばこの一帯では一般的な、麺料理の**ラクサ**や鶏肉を焼いたサテにもニョニャ風味がある。ミーゴレン（焼きそば）、ナシゴレン（焼き飯）も店によってはニョニャ風になる。ココナツミルクで野菜を煮込んだマサックレマ、魚のすり身をバナナの葉にくるんで焼いたオタオタ、ペナンで有名な魚料理のプルット・イカンなどは日本人の口に合う。

煮込んだ料理が多く、どれも深い味わいだ。南国の風に吹かれながら、このエリアにさまざまな民族や宗教が息づいていた時代に思いを馳せる。旅の味わいでもある。

面などの問題から建物に収容したものだ。物価の高いシンガポールでは、安く食事ができる便利な場所でもある。あちこちの店から料理を取って、ビールも頼み、居酒屋的に使うおじさんも多い。

ラクサ
香辛料が効いた麺料理。このスタイルはアジア各国にあるが、ココナツミルクを入れたマレーシアの麺がよく知られている。

マレー半島を北上して「おらがカレー」を

シンガポールからタイ・バンコクへ

文・写真　室橋裕和

マレー半島の多彩な食文化のなかでも、カレーに注目して旅をするのはどうだろう。シンガポールからマレーシア、タイと北上するにつれて、気候や風土、そして宗教の影響を受けつつ、カレーはその味わいと彩りとを変えていく。

カレーの発祥

「カレー」という料理は、あまりにもその範囲が広い。カレーの名を冠する料理は、それこそ世界中にあるだろう。日本でもほとんど国民食のようになっている。

　もともとカレーはインドで生まれたものだ。多民族国家インドでも、最初の先住民といわれる**ドラヴィダ人**たちの言葉「カリ」が語源らしい。それは「食べる」を意味する言葉だ（諸説あり）。彼らは、スパイスを多用したさまざまな煮込み料理をソウルフードとしていたが、その香り高いメニューに目をつけたのはインドを支配したイギリスだった。18世紀、母国にその料理を持ち込んだのだ。

　当初は、このとき便宜的につけられた「カリ」という名で呼ばれていたらしい。食文化の乏しいイギリスの食卓に、花を咲かせたともいわれる。その過程でいつしか「カレー」という料理名が定着していく。

　カレーは日本へは幕末から明治の開国期、そのイギリスをはじめとした列強から伝えられたことは周知の通りだ。アジアで生まれたカレーは、ヨーロッパでさまざまなアレンジを加えられ、再びアジアに帰ってきたのだ。

　一方で、カレー文化はインドから東南アジアにももたらされた。伝来に使われたのが、大航海時代に開拓されたコースだ。インド南部の沿岸を回ってベンガル湾を横断し、マレー半島にたどりつく。この地でカレーは一挙に花

ドラヴィダ人
現在は南インドを中心に住んでいるドラヴィダ民族だが、そのルーツはインダス文明に求められるという。メソポタミア文明とも交易を行っていた彼らは、各地から持ち寄られた食材や香辛料を使って、カレーの原型をつくったという説もある。

開く。
その一端を担った街**シンガポール**から、旅はスタートする。

インドのスパイスとココナツミルクの出合い

いまや東京をしのぐともいわれる先端都市であり、アジアトップの所得を誇るシンガポール。交易で栄えた多民族国家だけに、さまざまな文化がミックスされた料理が味わえるが、カレーならフィッシュヘッドカレーが特徴的だ。高級店でもいいし、ホーカーズという屋台街でも目にする。

魚の頭がそのままゴロリと入っている。出汁が効いている。じんわりと染みるのは、ターメリックやタマリンドなど多様なインド直送のスパイス。だがインドにこのレシピはない。ドラヴィダ人の末裔《まつえい》である**南インド・ケララ州**の人々が、港湾都市として発展を見せるシンガポールに移住してきたときに発案したものだという。1950年代発祥の、新しい料理なのだ。

インドを発ったスパイスは、東南アジアでココナツミルクと出合っている。フィッシュヘッドカレーにもたっぷりと使われている。クリーミーで濃厚な甘さは、スパイスの刺激を引き立てる。インドのカレーもココナツを使うこ

シンガポール
30日以内の滞在ならビザは不要。物価は東南アジアで最も高い。安いホテルはゲイランと呼ばれる歓楽街に点在しているが、それでも1泊5000円はする。食事はホーカーズで食べれば1食300円程度から食べられる。もちろんカレー類も豊富。あちこちの屋台から料理を買って、タイガービールを飲めば、もうシンガポーリアン。

とがあるが、東南アジアほどではない。ベンガル湾を越えて旅をしてきたカレーは、マレー半島で新しい世界を広げていく。

カレーが「麺」を得るとき

シンガポールから**国境**を越えて**マレーシア**に入っていくと、カレーはまたひとつ発展をする。「麺」を得るのだ。中国に生まれた麺は、西に進んでパスタとなり、南下してさらに細分化していった。そして東南アジアでカレーと融合していく。

マレーシアでは街の小さな食堂でも高級なレストランでも、ラクサという、いわばカレーヌードルがメニューにある。麺は米の麺だ。いかにも稲作文化に育まれた東南アジアらしい。ココナツミルクを入れて煮込んだスープによく合う。海老などの海鮮で出汁をとっていて、ほのかな潮の香りが口に広がる。

朝食からちょっとしたおやつにまで、マレーシアではどこでも食べられている。具材はシーフードが多いが、地域によってまちまちだ。豚肉を使わないものが多いため、イスラム教徒が多数を占めるマレーシアで広く普及していったという面があるようだ。

南インド・ケララ州
インド旅行というと北部ばかりがクローズアップされるが、南のほうが日本人には合うかもしれない。人柄も気候も比較的おだやかなのだ。また北部の主食はナンやチャパティといったパン類だが、南はコメ。多種多様なカレーをコメにかけて食べるのだ。まさにカレーライスなのである。

国境
シンガポールとマレーシアの間の海峡は、コーズウェイという堤で結ばれてい

マッサマンカレー。タイ・マレー風のカレーに、インド風のパンが添えられ、華僑も多い地域なのでヤカンでお茶も出される。テーブルに文化が融合している

タイ・イスラムの地でぜひ食べたいカレーは、マッサマンだ。2011年にCNNインターナショナルが「世界でいちばんおいしい」と評したこのカレー、タイ南部のイスラムエリアが発祥であることを知る人は少ない。

　日本ではおしゃれなタイ料理レストランで食べられているが、このあたりでは安い食堂や屋台、フードコートにもある定番だ。外国人観光客の多いリゾート地、**クラビー**やプーケット島などでは、CNNの影響を受けてツーリスト向けのレストランでもきちんと用意されている。

　ふんだんに使われたココナツミルクに、八角やシナモンなどの風味が溶け、あとをひく。甘みの中に、唐辛子の刺激もピリリ。もともとイスラムの料理

らは、インドのマドラス(現チェンナイ)まで船が出ていたからだ。東南アジア世界とインド・南アジア世界を結ぶ窓口として、ペナンはバックパッカーたちで賑わっていた。しかし航空網の発達もあって、いまではちょっとさみしい。そのぶん風情はある。

タイ
30日以内の滞在ならビザは不要だ。しかしビザなしでの陸路入国は年間2回までと定められている。この規則はよく変わるので現地で確認を。

なので使われている肉は鶏が多い。大きなチキンの塊がごろりと入っていてなかなかの迫力だ。

ごはんにかけてもいいが、このあたりではインドのようにパン（ロティという）を浸して食べるのもありだ。

タイ人でも涙目になるクアクリン

タイ南部から北上するにつれ目立ってくるのが、ココナツミルクを使わないカレーだ。代わりにたっぷりのプリック（唐辛子）を使って、辛く鋭く仕立てている。マレーシアやシンガポールのマイルドなカレーとはだいぶ様子が異なってくる。いよいよ本格的に、タイの食文化圏に入ってきたのだ。

代表的なメニューはゲーンソム。ゲーンとはタイ語でスープ状の煮込み料理を表す言葉だ。

ソムとは「酸っぱい」という意味。タマリンドの芳醇な酸味がスープに絡む。強烈に辛いのだが、タマリンドの風味はシンガポールのフィッシュヘッドカレーにも共通している。スープに入った白身魚の深い味わいにも似たものを感じる。根は同じなのだ、と思う。

クラビー
タイでも有数の美しい海岸が続くエリアの中心。格安のバンガローから超高級リゾートまで宿泊施設は山のようにある。シーフードもおいしい。映画『ザ・ビーチ』のロケ地はこの街や、近くのピピ島などだ。移住してきたヨーロピアンが多く、洋食のおいしい街としても知られる。屋台やナイトマーケットでは50バーツ(約170円)ほどでマッサマンが食べられる。

ゲーンソムなどのタイ南部料理は、激辛で知られるタイのなかでもことさらに辛い。とくに強烈といわれるのが南部**チュムポーン**のあたり。

鉄道駅の南にある、郷土料理を出しているレストランに入ってみた。頼んだのは「タイ人でも涙目になる」というクアクリンだ。ひき肉を多量のスパイスと唐辛子、ハーブで炒めた、いわゆるドライカレーで、まさに火を噴く。しびれる。

思わず声が漏れ、汗が噴き出す。水を頼むと、店員のおばちゃんたちは「辛いかね！」と笑顔。「辛いけど、おいしいだろ」と、扇風機を当ててくれたり、冷たいおしぼりを持ってきてくれたり。屈託のなさと気取らなさが旅人には嬉しい。

確かに辛さのなかにも、バイマックルー（こぶみかんの葉）のさわやかさが添えられていて、ぱらりとしたタイ米にはよく合うのだ。

このチュムポーンを越えると、いよいよイスラム圏を抜けたな、と実感する。マレー半島を北に進むにつれ、モスクはいつしかタイの仏教寺院になり、ヒジャブで頭を覆った女性は見なくなり、**セブン-イレブン**ではアルコールが売られるようになる。

チュムポーン
タイ湾に浮かぶリゾートアイランドに向かう船が出る街。きわめて透明度の高いサンゴの海域に囲まれたタオ島、バックパッカーたちのたまり場・パンガン島、高級リゾートも目白押しのサムイ島がある。手ごろなバンガローも多く、のんびり過ごす個人旅行者も大勢集まっている。

セブン-イレブン
東南アジア全域に進出、日本と同じく庶民の生活を支えている。タイではおにぎ